RECVEIL GENEALOGIQVE

DE L'ANCIENNE ET JLLVSTRE

MAISON

DE MONTY

AVTRE FOIS CROCIANY

TIRE' DES ACTES ET TITRES DE LA MAISON

établie en France depuis sept vingts ans.

A NANTES,

Chez Pierre Querro Jmprimeur de la Ville, &

Libraire Juré de l'Université, à la Croix du S. Esprit.

M. DC. LXXXIIII.

Lm 3
1844

RECVEIL GENEALOGIQVE

DE L'ANCIENNE ET JLLVSTRE

MAISON DE MONTY

AVTRE FOIS CROCIANY

TIRE' DES ACTES ET TITRES DE LA MAISON

établie en France depuis sept vingts ans.

A NANTES,

Chez Pierre Querro Jmprimeur de la Ville, &
Libraire Juré de l'Univerfité, à la Croix du S. Efprit.

M. DC. LXXXIIII.

A MONSIEVR DE MONTY

MONSIEVR,

'Ay cherché toute ma vie les occafions de vous témoigner ma reconnoiffance, avec le malheur de n'en avoir jamais pû trouver une, cependant, *MONSIEVR*, je tiendray ma confcience en repos, fi vous avez agreable le Prefent que je vous fais de vôtre Maifon : J'en avais leu beaucoup de chofes dans les Hiftoriens d'Italie, & particulierement dans l'Amiraty & dans le voyage que ie fis il y a quelques années, j'avois veu beaucoup de marques de fon ancienne Extraction; mais comme l'Hiftoire eft quelques fois fufpecte, j'ay pris la liberté de vous demander vos Actes & vos Titres, fur lefquels j'ay fait ce Recueil Genealogique que j'ofe vous prefenter? Ce n'eft pas que je veille apprendre rien de nouveau à perfonne, car je fçay qu'il n'eft guere d'hommes du monde qui n'ayent oüy parler de l'Antiquité & Nobleffe de vôtre Maifon. Le bruit de fes Alliances de ces Gonsfalonniers à la Republique de Florance ; de fes Cardinaux & d'un Pape qu'elle a donné à l'Eglife, eft trop grand pour douter de ſon eſtime ; ce n'eſt pas auſſi,. MONSIEVR, que je veille faire vôtre Panegirique, chacun ſçait que chez vous l'honneur & la vertu ſont hereditaires, & qu'il ne faut que porter le Nom de MONTY, pour être civil, obligeant & genereux. Feu Monſieur vôtre Perc avoit perſuadé tout le monde de cette verité, auſſi bien que vous, & quoy que l'un & l'autre ayez preferé le repos de la vie au bruit & à l'embaras de la profeſſion de vos Anceſtres, & qu'il ſemblaſt même que la fortune voulut vous dérober quelque choſe de leur éclat ; neanmoins tous les Gens de qualité du Royaume, vous ont toûjours rendu Iuſtice malgré ſon inconſtance. Ie ſçay que la feuë Reyne Marie de Medicis l'avoit bien des fois voulu attirer à la Cour, qu'elle l'avoit honoré d'une Charge dans ſa Maiſon, & qu'elle luy a donné pendant toute ſa vie une penſion ; mais il a toûjours preferé le ſejour d'une Province où il étoit aimé & honoré, à celuy du tumulte & de l'intrigue. Je finis, de peur de vous ennuyer, conjurant le Ciel de combler votre Maiſon de proſperitez, & vous priant de croire que je ſeray toute ma vie tres-fidelement,

MONSIEVR,

Votre tres-humble, & tres-obeyſſant
Serviteur, BRIANVILLE.

DISCOVRS GENEALOGIQVE

SUR L'ANCIENNE ET ILLUSTRE MAISON DE MONTY,

autre fois Crociany, Seigneur de Montereggy

 J la memoire de plus de douze cens ans eſt ſuffiſante pour donner le Titre d'antiquité à une Maiſon, ſans doute celle de Monty de Toſcane doit paſſer pour ancienne, puiſque nous trouvons dans l'Hiſtoire, & dans un Acte de la Maiſon qu'en l'an 407, un Bartholo Crociany de Monty Seigneur de Monteroggy défendit ſi vigoureuſement cette place contre une irruption des Barbares, qu'aprés les avoir taillez en piece, ſa Patrie ne trouva point d'autre recompenſe que de changer ſa Seigneurie de Monteroggy en Montereggy, que luy & ſes deſcendans ont portez depuis : mais l'injure & la longue ſuite de ces temps, nous ayant dérobé les deſcendans de cét Jlluſtre Bartholo, nous ne trouvons rien de ſon nom qu'environ l'an 1010, auquel temps Fiezole & Florance s'uniſſant ſous un même Gouvernement, les Crociany Monty quittans l'ancienne demeure de leurs ayeuls choiſirent Florance pour leur habitation. Les Hiſtoriens diſent que pendant la cruelle diviſion des Guelfes & des Gibelins qui a ſi long-temps partagé l'Jtalie, ils s'unirent aux premiers, témoignant en cela qu'ils étoient tres-bons ſerviteurs de l'Egliſe, enſuite en l'an 1015 et 1017. Selon le témoignage de l'Amiraty, & des autres Eſcrivains de ce temps là, Florance ayant été preſque toute reduite en cendre, il n'eſt pas fort étonnant ſi nous ne trouvons rien de

nos Crociany Monty, cependant il eft conftant qu'environ ces mêmes temps un autre Bartholo Monty Seigneur de Bonafé & de Montereggy, grand homme de guerre, fut enterré dans l'Eglife de Sainte Marie la nouvelle du côté de la place vieille, cette Eglife ayant fouffert des changemens, le lieu où avoit été mis ce Bartholo fût accordé aux Confreres du Saint Sacrement en l'an 1404. Ses defcendans ayant apperçu la demolition de cette Chapelle, obligerent ces mêmes Confreres à la rétablir, & leur firent mettre pour éternelle memoire de leurs Anceftres les Armes de leur Maifon; c'eft ce que fit Monte Monty en l'an 1404, comme on le voit encore aujourd'huy fur une pierre de Marbre enchaffée dans le dehors de la Chapelle du Saint Sacrement qui donne dans la place vieille à l'abord de la ruë Galfonde.

Ce n'eft pas feulement en ce lieu de S. Marie la nouvelle qu'on remarque les Armes de cette ancienne Maifon, on les voit encore dans la voûte proche la Chapelle affignée à ceux de la Confrairie du Pelerain, & proche les Portes qui fortent vers la Place neuve, on y peut reconnoître des marques de la richeffe & de la magnificence de ceux de ce nom, par un fort grand Tombeau de Marbre appuyé fur un riche Benitier orné en relief des Armes de Monty, avec l'infcription qui dit que c'eft la Sepulture de Monte Fils de Jacques Monty & de fes defcendans, on voit encore trois grands Tombeaux de Marbre élevés, ornés en relief de figures & d'Armoiries de cette Maifon, l'un dans l'Eglife de Saint Michel Bis Dominy, un autre dans celle de S. Marie Incampo, l'autre dans l'Eglife de la Nonciade. On voit encore ces mêmes Armes dans le Cimetiere de Saint Dominique de Fiezole, & fur les portes de plufieurs Maifons dans la ruë qui conduit de Saint Michel Bis-Dominy à Sainte Marie la neuve, lefquelles appartiennent prefentement aux Alleffandriny.

Je paffe legerement fur ces marques d'antiquité, de richeffe & de Religion, pour faire voir de quelle maniere les Crociany Monty fe retrancherent au feul nom de Monty, & donnerent celuy de Creffy à leurs cadets.

Ceux qui ont connoiffance de l'Hiftoire de Florance, fçavent que le peuple étant ennuyé du Gouvernement, ou plutôt de la tyrannie de la Nobleffe, & fouhaitant avoir l'adminiftration des chofes publiques conjointement avec les Seigneurs fe revolta, & fe porta à une telle violence, qu'ayant pillé plufieurs maifons des principaux de la Republique, il les contraignit enfin de luy donner part dans le Gouvernement. Chacun fçait encore comme cette populace défiante, apprehendant d'être encore opprimée, ne permettoit point que deux d'une même famille noble poffedaffent les fouveraines Magiftratures ou les dignitez de la Republique ny enfemble ny confecutivement, ny même de long-temps aprés; c'eft ce qui fit que les Nobles s'aviferent de divifer leurs familles, & de donner des noms differens à leurs cadets, afin que par diverfes branches ils pûffent parvenir aux honneurs, & c'eft ainfi que ceux de cette maifon nommerent leurs cadets Creffy, portant neanmoins tous mêmes Armes, finon qu'ils ajouterent pour brifure une bande de gueule fur l'ancienne d'or. Les Hiftoriens comme Machiavel, & particulierement les Prioriftes font remplis de pareils exemples : fans me donner le foin inutile d'en rapporter ici, je reprens mon difcours.

Par cette rufe des Nobles le peuple fe voyant prefque fruftré de la connoiffance des affaires de la Republique, s'anima de telle façon les années 1240, 1282 & 1293, qu'aprés mil cruautez inoüyes qu'il commit pour changer l'ordre de la Republique, il la convertit en Democratie, & gouverna feul, contraignant tous les Nobles qui rechaperent à fa rage, non feulement de fe ranger fous leurs Drapeaux, mais encore de quitter leurs noms, & les marques de leur ancienneté & puiffance. Ce fut en cette conjecture que pour obéïr à la tempête, & s'accommoder au temps, les tres-Nobles Malmonachy changerent leur nom en celuy d'Albizy, qu'ils portent encore. Les Scialandrony fe firent appeller Ugucciony, les Sirigaty, Nicoliny, & beaucoup d'autres ainfi; mais aprés tous ces emportemens populaires, la Nobleffe par le fecours de leurs alliez rendit la Republique Ariftocratique, reprenant le Gouvernement comme auparavant.

B

IACOBO Crociany Monty qui vivoit en ce même temps en fit autant, retenant le feul nom de Monty, pour éviter la fureur populaire que luy & fes defcendans ont toûjours conservé tres-glorieufement, retenant cependant toûjours les Armes de Crociany fes anceftres, qui font

> *D'Azur à la bande d'Or accompagnée de deux*
> *Montagnes à fix coupeaux de même, une en*
> *chef, & l'autre en pointe.*

IACQUES premier du nom de Monty, vivoit environ l'an 1240 Il fut marié avec Elizabeth Adimary tres-ancienne Maifon, qui porte pour Armes,

> *Coupé d'Or fur Azur.*

IL ne vint de ce mariage que Pugio, lequel étant connû à caufe de l'antiquité de fa Maifon & de fon merite particulier, fut élevé par élection, & non par fort comme on faisoit à la Charge de Gonfalonnier. La premiere fois en l'an 1323, dans les mois de Juin & Juillet pour le quartier de S. Pancrace. La feconde fois au mois d'Octobre & de Novembre de 1324, & la derniere en Fevrier et Mars 1326.

Comme beaucoup de perfonnes ne fçavent pas ce que c'eft que la dignité de Gonfalonnier, j'ay bien voulu les éclaircir, & leur apprendre les fonctions de cét employ. Le Gonfalonnier étoit donc celuy qui rendoit la juftice fouverainement, qui faifoit les Alliances & les Confederations, qui commandoit les troupes en temps de guerre, enfin qui étoit le Chef de la Republique, comme eft aujourd'huy le Duc ou Dauge de Venife, Machiavel dit en un mot qu'il avoit autorité de Prince : Au refte on ne fçauroit mieux prouver la dignité de cette augufte employ, qu'en difant que les Florantains appréhendoient tellement qu'une famille ne fe le rendit propre, qu'ils avoient ordonné qu'un homme le pourroit être plufieurs fois en fa vie, mais jamais plus de deux mois à la fois. Il eſt vray que cette dignité ne rouloit que ſur un certain nombre des plus conſiderables familles de la Republique, qu'on appelloit indiferemment Prieurs, Seigneurs, ou ſouverains Magiſtrats.

Mais ſans s'arréter à éclaircir davantage une choſe qui doit être connuë de tous ceux qui ont quelque lecture, je paſſe au Gouvernement de nôtre Pugio, qui fut remarquable pour deux choſes de conſequence. La premiere eſt que par permiſſion du Pape, il taxa le Clergé de Florance à 40000 Ducats, pour achever les fortifications & murailles de la Ville. Et l'autre qu'en faveur de l'Egliſe ayant fait une confederation ſecrete avec les Genois contre Caſtruccio leur ennemi, il demanda du ſecours au Roy de Naples, lequel luy envoya 500 chevaux commandez par le Comte Bertrand ſon parent, qui aprés avoir prêté le ſerment de fidelité, reçut des mains de Pugio Monty le Bâton de Capitaine general de la Republique, pour les Troupes qui alloient contre Caſtruccio. Notre Pugio épouſa Elizabeth Stroſſy, fille de Palla Stroſſy, & de Camilla Altoüity : Cette derniere Maiſon eſt d'autant plus conſiderable, qu'elle a eu l'honneur de donner une Mere à celle de Gondy, autant illuſtre par ſa propre grandeur, que par les grands & utiles ſervices que tous les Seigneurs de cette Maiſon ont rendus à la Couronne ; on peut dire que c'eſt pour eux une petite recompenſe d'en être un des premiers Officiers de la Couronne ; le Marquis de Caſtelane de Provence eſt de cette Maiſon d'Altoüity dont les Armes ſont,

De Sable au Renard rempant d'Argent,
armé, lempaſſé de Gueule.

POur la Maiſon de Stroſſy, la memoire en eſt ſi recente, & les Hiſtoires ſi remplies des ſervices qu'ils ont rendu à la France, qu'il eſt preſque inutile d'en parler ; cependant je veux bien dire que cinq de nos Roys ont reçu de grands ſervices de ceux de cette

Maiſon. François I, Henry II, François II, Charles IX, & Henri III.
Ce qui eſt de plus glorieux pour eux, c'eſt qu'ils ont tous été tuez à
leurs ſervices, le Cardinal Stroſſy prés, qui mourut dans les Conſeils
de Charles IX.

LEON Stroſſy grand Prieur de Capoüe, & General des Galeres,
fut tué dans la Duché de Pionbin devant Scarlin, au ſervice de
Henry II. Robert Stroſſy ſous le même Roy luy amena 2000 Corſes,
& fut tué à ſon ſervice contre le grand Duc de Florance, qui vouloit
emporter Siennc contre ſa proteſtion. Le Maréchal Stroſſy fut tué
devant Thionville, commandant ſon Armée. Philippe Stroſſy Colonel
de l'Infanterie Françoiſe, & un des premiers Cordons bleufs, perit
dans le Lit d'honneur combattant pour Henry III, dans la Terſaire,
où il commandoit ſes deux Armées navales & de terre. Ils deſcendent
du côté maternel de Medicy, mais toutesfois tres-mal avec le grand
Duc, parce qu'il avoit fait mourir leur pere, pour des raiſons que
l'Hiſtoire apprend aſſez. C'eſt luy qui écrivit ſur la muraille de la
priſon ce vers,

Exhoriare aliquis noſtris ex oſſibus vltor.

La Reyne Catherine Medicy a toûjours conſideré leur alliance &
leur merite; ils portent pour Armes,

*D'Or à la face de Gueule, chargé de trois
Croiſſans tournez d'Argent.*

MONTE' premier fils de Pugio Monty & d'Elizabeth Stroſſy,
malgré les longs voyages qu'il fit, fut Gonfalonnier pour le quartier d'Eſté de S. Marie la neuve en Juillet & Aouſt de l'an 1382, &
encore en Juillet & Aouſt de l'an 1405. Il épouſa Marie Alberty, dont
les Armes ſont,

D'Aʒur aux Chaînes d'Or paſſées en Sautoir.

Cette Maison est assez connuë pour être d'une Noblesse à la Vieille Roche, Monsieur le Duc de Luine en est venu.

IACQUES II, de Monty, Fils de Monte Monty, & de Marie Alberty, succedant aux biens de ses anceftres, comme à leurs vertus, fut Gonfalonnier en Mars & Avril en l'an 1411, en Novembre & Decembre 1418, en Juillet & Aouft 1423. Il époufa une femme de la Maison de Bilioty.

Cette Maifon eft tres-noble, & a donné à la Republique plufieurs Seigneurs & Souverains Magiftrats ; elle porte pour Armes,

> *Coupé de Gueule fur Argent au Renard paffant de Gueule animé de Sable.*

DE ce mariage font venus 4 garçons ; l'aîné s'appella Anthoine, fut des Seigneurs en 1433. Le fecond Bernard le fut auffi en 1441. Ces deux moururent fans enfants. Le troifiéme fut Monté, dont nous parlerons à cette heure, comme le Chef de nom & d'armes. Le dernier fut François qui fut un des Seigneurs en l'an 1471. Il époufa une Damoiselle du nom de Peruzzy, de tres-bonne famille ; fes Armes font,

> *D'Azur à fix Poires au pied foüillu d'Or & mife en orle.*

CEluy-cy eut Jacques III, qui fut Gonfalonnier en 1498. Il époufa Magdelaine Buondel Monty.

Cette Maifon eft fi connuë par fa Nobleffe & pour les grands Hommes qu'elle a donnés à l'Jtalie, qu'on en doit demeurer aux Hiftoires. Machiavel dit que c'eft le premier Gentil-homme de Tofcane, qui la fit revolter, & qui la partagea avec les Amidey, contre lefquels il eut longtemps la guerre ; fes Armes font,

> *D'Argent à la Croix platte de Gueule, appuyée fur un Rocher à fix Coupeaux d'Azur.*

ILs eurent deux enfants : Pugio & François ; ce dernier époufa Antoi-
nette Bucelly, Maifon de qualité ; fes Armes font,

> *D'Argent à la Bordure engrellée d'Azur, au*
> *Thoreau effrayé de même.*

ILs moururent fans enfans, & fût ledit François Adminiftrateur de
la Juftice à Fiezole.

Pugio fon frere ayant été marié deux fois, la premiere avec une fille
de la Maifon de Buonachorfy ; fes Armes font,

> *Taillé d'Azur fur Or, à la Cotice de Gueulle*
> *accompagnée de deux Eftoilles à huit rayons*
> *de l'un en l'autre.*

ET la feconde fois avec une Jeanne Bilioty ; leur pofterité fut illuf-
tre, par le Pape Julle III, qui en eft directement defcendu, auffi
bien que deux Cardinaux, Anthoine qui étoit fon Coufin, & quelque
temps aprés Clement VIII, fit l'autre, qui fut Archevefque de Milan.
Alexandre Monty qui en 1584, ayant été envoyé des Florantins à Ve-
nize pour leurs affaires, mourut fans enfans ; je laiffe cette branche des
Cadets, quoyque tres-illuftre, pour venir à la defcente directe, qui fut
confervée par

Monte fecond de Monty, lequel ayant acquis par fa prudence & fes
merites la même confideration dans la Republique, qui avoit donné la
fouveraine Adminiftration à fes ayeuls, fût éleu Gonfalonnier pour
Juillet & Aouft en 1461, pour Mars & Avril en 1477 ; il époufa Loüife
Rifality.

Cette Maifon eft confiderable par fon antiquité & par un Gonfalonnier
qu'elle donna à la Republique en 1431. Les Armes de cette Maifon
font,

> *D'Azur à deux griffes de Lyon d'Argent,*
> *coupées & paffées en Sautoir, armées de*
> *Gueulle.*

DE ce mariage ſortirent Bernard, Jacques, & Anthoine; ce dernier fut un des Seigneurs en 1511. Il épouſa Jeanne Falconiery, dont les Armes ſont,

> *De Gueulle à l'échelle à trois Bâtons d'Or, aleʒée*
> *& paſſée en Pal.*

CEtte Maiſon eſt connuë pour une des plus considerables de la Toſcane, alliez à celle de Medicy.

Jacques fut un des Seigneurs en 1507 & 1510. Il épouſa une Ghuydoty, dont les Armes ſont,

> *Eſcartelé en Sautoir en chef & en pointe d'Argent au*
> *Croiſſant montant de Gueulle à dextre & ſeneſtre,*
> *facé, anté de 4 traits d'Or & d'Aʒur.*

BERNARD premier frere aîné de ces deux, dont nous venons de parler, fut conſervateur de ſa Maiſon; la Republique l'honnora par quatre fois differentes de la ſuprême dignité, il commenda en qualité de Gonfalonnier en Mars & Avril de l'an 1499. En Mars & Avril de 1503, en Juillet & Aouſt de 1509, en Novembre & Decembre de 1516. Il épouſa Magdelaine fille du Baron de Capelly, & d'une Lena Bony; pour apprendre combien cette alliance étoit grande, il n'y a qu'à ſçavoir que la ſœur aînée de cette Bony fut mariée dans la Maiſon de Medicy, dont elle eut Bocale Medicy, pere de ce fameux Lorent & de ce Julien qui perit dans la conjuration de Pendolphe Paſſy. Le pere de cette Bony eſt celuy qui fit forger les fers de ſon Cheval d'or maſſif, lorſque dans les Tournois il fit le coup de Lance contre les Medicy; ſes Armes ſont,

> *Party, couſu d'Aʒur & de Gueulle, au Lyon d'Argent*
> *brochant ſur le tout, armé, lampaſſé de Gueulle, chargé*
> *ſur l'épaule d'un Eſcu d'Aʒur, à la Fleur de Lys*
> *d'Or.*

POUR la Maiſon de Capelly, eſt une des premieres Baronnies d'Jtalie : Le Duc Côme eſtimoit tant ceux de cette Maiſon, qu'il n'eut point de Favory qu'il aimaſt mieux que Loüis Baron de Capelly ; un de nos Roys luy a donné pour recompenſe de ſes ſervices un Eſcu de France ſur ſes Armes, qui ſont,

> *D'Or au Chapeau poſé en abîme, de Gueulle aux Cor-*
> *dons ſimples houpez, pendans, noüez, paſſez en Sau-*
> *toir de même, ſurmonté d'un Ecu de France.*

LA Republique commença à obeyr à Octavian Medicy, qui l'avoit mis du Conſeil des huit, contre qui il eut un petit demélé touchant l'ordre de la Juſtice. Il eut deux enfants de ce mariage, dont le premier mourut, & l'autre fut,

Mathieu, lequel aprés avoir poſſedé la ſouveraine dignité de Florance en Mars & Avril de 1527, eut trois femmes, deux de la Maiſon de Stroſſy, & une de Portirany. La premiere, fût Conſtance fille de Gabriel Stroſſy, & de Françoiſe Medicy, dont il eut Bernard, duquel nous parlerons enſuite. La ſeconde fût Elizabeth fille de Zacharie Stroſſy, dont il eut Zacharie Stroſſy de Monty, qui ſe rendit tres-conſiderable dans les guerres de la Rochelle & de Bordeaux, où il ſervoit auprés de Philippe Stroſſy Colonel general de l'Infanterie Françoiſe. Il fut long-temps avec Julien de Medicy, lequel fut Evêque d'Alby, & depuis s'en retourna en Florance, où il mourut ſans être marié. La troiſiéme femme de Mathieu, fut Gyneuera fille d'Alexandre Portinary, qui ne laiſſa aucuns enfans : on ne peut rien dire de cette Maiſon, aprés ce qu'en a écrit Machiavel ; les Armes de cette Maiſon ſont,

> *D'Or à la Porte fermée à deux battans de Sable, ſoûtenuë*
> *de deux Lyons afronté de même.*

SI ſon merite fut reconnu des Florantins, il fut encore mieux recompenſé par le Duc Côme Medicy, à qui la Republique étoit déjà ſoûmiſe, qui l'avoit fait deux fois de ceux qu'on appelloit en ce temps-là les cinq, & preſentement les neuf. Il luy donna de l'employ à la guerre, & le fit prier à l'enterrement de Bocalé Medicy, auquel il étoit doublement parent du côté des Bony & Stroſſy, auquel il aſſiſta avec toute la Maiſon, revétu de deüil, & du Chaperon tel qu'on le porte aujourd'huy aux grandes Ceremonies; mais à la fin il ſe broüilla avec le grand Duc, auquel il devint ſuſpeſt, parce qu'il prit le party de ſes beaux-freres les Stroſſy contre luy, reprenons nôtre deſcente directe.

B E R N A R D ſecond de Monty, fils de Mathieu, & de Conſtance Stroſſy, voyant ſa famille dans la diſgrace paſſa en France, où ſa conſideration fut ſi grande, que le Roy malgré les Loix du Royaume, & les ſollicitations de deux Favoris, luy permit de recueillir la ſucceſſion de Thomas Comte de Stroſſy étranger & non naturaliſé auſſi bien que luy, qui l'avoit fait ſon heritier dans ſon teſtament au prejudice de la Comteſſe de Fieſque ſa petite niéce & fille de Philippe Stroſſy Colonel de l'Jnfanterie Françoiſe, qui demandoit la ſucceſſion par droit d'heredité & Monſieur de la Noüe bras de fer l'avoit déja obtenüe du Roy par deference; mais Charles IX, aprés avoir été informé de la qualité de Bernard par trois lettres du grand Duc Coſme, qui toutes fois ne l'aimoit guere, & par les Commiſſaires, qui avoient été envoyez à la Requête du Comte de Fieſque & de la Noüe en Toſcane, voulut que Bernard demeuraſt heritier, & luy permit de faire verifier & enregiſtrer les Titres & Actes de ſa Maiſon, qu'on avoit tirez des Archives de Florance, dans les Parlemens & Chambres des Comptes, & Cour des Aydes de Paris & de Bretagne, où il fut auſſi naturaliſé en l'an 1560. Tout le monde connoît la grandeur de la Maiſon de Fieſque, pour être une des quatre Principautez de Gennes, qui ſont Grimaldy, Spinola, Doria, & celle-cy, dont les Armes ſont,

Bandé d'Argent & d'Azur de ſix pieces.

L Edit Bernard épouſa Marie Verge fille du grand Provost d'Anjou, & de Loüiſe de la Poiſe; c'eſt une des meilleures Maiſons de cette Province, alliez à la plus grande partie des gens de qualité de Poitou & d'Anjou; les Armes de cette Maiſon ſont,

De Gueulle à trois Gerbes d'Argent.

C

DE ce mariage vinrent Pierre, André & Marie ; celle-cy fut mariée avec Pierre de Mignot, Maréchal de Camp des Armées de fa Majefté, & Maître d'Hôtel ordinaire de fa Maifon. Il eut pour recompenfe une Charge de Prefident aux Comptes, qu'il exerça quelque temps ; de ce mariage vint une fille, qui fut mariée à Monfieur de Boyer Beauregard, fils de Boyer Capitaine des Tentes & Pavillons de France, & premier Maître d'Hôtel du Roy, frere de Boyer Bomarchais Treforier de l'Efpargne, Beau-pere du Maréchal de Vitry & des Ducs de la Vieuville & Noirmoutier, il eut deux filles, dont l'aînée fut mariée à Monfieur le Marquis de Saffé, frere aîné de Monfieur le Maréchal de Guebriand. Monfieur le Marquis de Molac d'aujourd'huy Lieutenant General en Bretagne, a époufé l'heritiere de cette Maifon, l'autre fœur fut mariée à Monfieur de la Roche Foucaud Comte de Bayers : André de Monty fût Beneficier, & depuis époufa une Damoifelle d'Anjou, dont vint un garçon qui époufa une Damoifelle de la Maifon de Chenu de Clairmont, Maifon tres-noble & tres-ancienne, dont les Armes font,

De Bretagne à la face de Gueulle chargée de trois Macles d'Or.

DE ce mariage eft venu une fort-belle Damoiselle, qui a autant de beauté que de vertu, qui n'eft point encore établie.

Pierre qui étoit l'aîné, fut Maître d'Hôtel ordinaire de Marie de Medicy, & mourut Doyen de la Chambre des Comptes de Bretagne. Il époufa Marie Fiot.

Cette Maifon eft venuë de Bourgongne qui eft fort bonne & fort-noble : Il y a encore à prefent un Prefident au Mortier dans le Parlement de cette Province, de ce nom, que tout le monde connoît, & eftime. Ses Armes font,

D'Azur au Chevron d'Or, accompagné de trois Lozanges de même.

DE ce Mariage ſont venus Yves premier, & Bonne de Monty. Celle-cy a été mariée à Loüis Sanguin, dont le merite eſt connu de tout le monde, & la Maiſon pour être une des meilleures de l'Iſle de France; ſes Armes ſont,

D'Azur à la Bande d'Or, accompagnée de trois Glans en chef
& de deux pattes de Griffon en pointe de même.

YVES de Monty, Vicomte de Rezay, aprés avoir voyagé quelque temps dans toute l'Jtalie, s'eſt venu retirer en Bretagne, où il a pris la Charge de ſon Pere, avec d'autant plus de plaiſir, qu'il s'eſt acquis par ſon merite l'eſtime & l'amitié de tout le monde, & que la profeſſion de la Robe eſt fort qualifiée en Bretagne. Il a épouſé Anne des Champs-neufs, Maiſon noble, alliée aux meilleures de la Province, & à des plus grandes de la Cour; ſes Armes ſont,

D'Azur à trois Croiſſans d'Argent montans.

YVES ſecond de Monty Vicomte de Rezay, aîné de la Maiſon, que la reputation de ſon merite & de ſa valeur font connoître à tout le monde. Il a ſervi avec eſtime & honneur en Jtalie & en Flandre : Il avoit une Charge de Lieutenant des Gardes du corps; mais le malheur de Monſieur Foucquet de qui il eſt allié, l'obligea de s'en dé-faire. Ses freres & ſes ſœurs ſont,

L'Abbé de Monty, Threſorier de l'Egliſe de Saint Pierre Cathedrale de Nantes.

Le Chevalier de Monty, preſentement Officier dans les Armées du Roy.

Loüis.

Quatre Filles Religieuſes.

YVES aîné a époufé depuis trois ans Claude Chevalier, fille d'Oli-vier Chevalier Gentil-homme de Poitou; cette Maifon eft alliée à celle de Clerambaut, Vieille-Vigne, Chategner, Savary, Cheruë & Daffon ; fes Armes font,

> *De Gueulle à trois Clefs d'Or, deux en chef, & l'autre en pointe, à la Bordure coufuë d'Azur.*

YVES troifiéme du nom âgé prefentement de deux ans.

Par ce petit difcours il eft aifé de comprendre combien cette Maifon eft confiderable, tant par l'antiquité de fa Nobleffe, & fes Alliances, que par les hommes de fervice qu'elle a donné à plufieurs Eftats : On remarque comme par fon Deftin que tous ceux qui en ont forty, fe font toùjours faits aimer de tous ceux qui les ont connus.

DESCENTE DIRECTE
DES AISNEZ, DE PERE EN FILS.

BAARTHOLO Monty Crociany.

UN,

DEUX,

LA FILIATION DE CES QUATRE S'EST PERDUE.

TROIS,

QUATRE,

V.

IACQUES premier eut d'Elizabeth Adimary.

VI.

Pugio eut d'Elizabeth Stroſſy.

VII.

Monte premier eut de Marie Alberty.

VIII.

Jacques ſecond eut d'Helaine Bilioty.

IX.

Monte ſecond eut d'Elize Rizality.

X.

Bernard premier eut de Magdelaine Capelly.

XI.

Mathieu eut de Conſtance Stroſſy.

XII.

Bernard ſecond eut de Renée Verge.

XIII.

Pierre eut de Marie Fiot.

XIIII.

Yves premier eut d'Anne des Champs-Neufs.

XV.

Yves ſecond a de Claude Chevalier.

XVI.

Yves troiſiéme.

Nous *ajoutons à cette réimpression du* Recueil généalogique de la Maison de Monty, *par Oronce Finé de Brianville, la liste des représentants de la branche aînée, soit des comtes de Rezé, depuis l'érection de la terre de Rezé en comté, en faveur d'Yves second de Monti, en 1672, jusqu'à nos jours.*

Yves II, premier comte de Rezé, eut de Claude Chevalier :

Yves-Joseph, deuxième comte de Rezé, mort le 2 novembre 1745, eut de Françoise de Charette :

Joseph-Claude, troisième comte de Rezé, mort le 3 septembre 1793, eut de Madeleine Jouault du Mesnil :

Louis, quatrième comte de Rezé, mort le 24 avril 1795, eut de Marie-Anne-Louise de la Roche-Saint-André :

I. — Louis-Jean-Marie, cinquième comte de Rezé, qui fut tué au combat d'Obercamlack, en Souabe, le 13 avril 1796, sans laisser d'enfants.

II. — Joseph-René-Marie, sixième comte de Rezé, mort le 19 janvier 1850, eut de Louise-Alexandrine de Charette :

I. — Joseph-Elisabeth-Marie, septième comte de Rezé, mort le 3 août 1852, sans laisser d'enfants de son mariage avec Marie de Kervoilan.

II. — Isidore-Marie-Edouard, huitième comte de Rezé, mort le 13 août 1877, eut de Marguerite de Faverney :

Henri-Marie-Jacques, neuvième comte de Rezé, qui a eu de son mariage avec Marie de Saint-Meleuc :

Édouard.

ACHEVÉ DE RÉIMPRIMER

A NANTES

PAR

VINCENT FOREST ET ÉMILE GRIMAUD

Le XXVI juillet M. DCCC. LXXX. IV

EN LA FÊTE DE LA BONNE MÈRE SAINTE ANNE.